CORALIE FERREIRA
PHOTOS : CHARLY DESLANDES

Ramen

MANGO

SOMMAIRE

LES JAPONAISES

LES FUSIONS

LES FUSIONS (SUITE)

LES BASES

QUELQUES INGRÉDIENTS
ENOKI
SÉSAME
SHISO
NARUTO
SHISHIMI
ALGUES KOMBU
SAKÉ
PÂTE DE MISO
EDAMAME
SAUCE SOJA
HUILE DE SÉSAME
PÂTE DE PIMENT

KISHIMEN
沙河粉
PREPARATION ALIMENTAIRE A BASE DE BLE TENDRE
JAPANESE STYLE UDON NOODLE
EAGLOBE
鷹球牌
INGREDIENTS: WHEAT FLOUR 89%, SALT, WATER
INGREDIENTS FARINE DE BLE 89%, SEL, EAU
NET WT. 8 oz
POIDS NET: 227g
NISSIN
日清食品
出前一丁
DEMAE RAMEN
JAPANESE NOODLESOUP/ SOUPE DE NOUILLES JAPONAISES
JAPANISCHE NUDELSUPPE/ JAPANSE NOODLESOEP
JAPANSK NUDELSOPPA/ PASTA GIAPPONESE CON MINESTRA
麻油味
SESAME FLAVOUR
AU GOÛT DE SÉSAME
SESAM-GESCHMACK
SESAMSMAAK
SESAMSMAK

RAMEN

LE RAMEN

Venu tout droit du Japon, le ramen (prononcer *la-men*) est d'origine chinoise (*la-miàn* en chinois). Cette soupe de nouilles très nourrissante fut importée dans les villes japonaises par les travailleurs chinois qui puisaient dans ***ce bouillon savoureux les atouts d'un plat consistant et peu onéreux.***

Adopté par les Japonais et devenu ***plat populaire par excellence*** au pays du Soleil levant, le ramen se trouve à tous les coins de rue dans des *ramenya* et se décline en autant de recettes qu'il y a de régions, de villes, et de restaurants...

Le ramen est traditionnellement composé de ***trois éléments :***

– *Les nouilles de blé.* Elles peuvent se présenter sous différentes formes : ondulées ou bouclées, à privilégier pour les bouillons légers, plates ou lisses pour les bouillons plus épais. De la même manière que les Italiens cuisent leurs pâtes plus ou moins *al dente*, les Japonais peuvent préciser quel type de cuisson ils souhaitent dans certains *ramenya* (on dira *yawarakame* pour des nouilles tendres, et *katame* pour des nouilles fermes). Souvent préparées à la main dans les restaurants, les nouilles pour ramen se trouvent dans les épiceries asiatiques en version fraîche (au rayon frais) ou sèche (classiques ou instantanées).

– *Le bouillon.* On trouve le plus souvent *le tonkotsu*, à base d'os et de pieds de porc cuits longuement afin d'obtenir une texture riche et épaisse ; il peut être plus ou moins gras à la surface selon votre goût. Il y a aussi le bouillon à base de poulet et, plus rarement, de bœuf, de poisson, de fruits de mer ou encore de légumes. Son assaisonnement varie lui aussi : il peut être *shio* (au sel), *shôyu* (à la sauce soja) ou *miso* (au miso, une pâte de haricots de soja fermentés). Il est important de préparer votre bouillon sans sel, car si vous choisissez de l'assaisonner avec du miso ou de la sauce soja, leur apport en sel devrait être suffisant. Autre point important : plus vous ferez cuire votre bouillon, plus fort en goût et plus épais il sera. (voir recettes p.72, 74 ou 76).

– *La garniture.* Le porc *chashu* est un des éléments phares du ramen (voir recette p.70). Il s'agit de poitrine de porc roulée, braisée et marinée dans un mélange de sauce soja, saké et mirin. Il est servi en tranches très fines.
Il y a aussi les incontournables *shinachiku* (pousses de bambou), la cive hachée, les pousses de soja et les œufs marinés *ajitsuke tamago* (voir recette p.68) On peut aussi trouver du porc haché, du maïs, des algues, du naruto (pain de poisson blanc et rose), des shiitakés, des champignons *kikurage*...

Pour affiner la saveur de votre ramen, il est possible d'y ajouter quelques gouttes d'huile *la-yu* (huile de sésame piquante) ou *mayu* (à l'ail noir), des *tsukemono* (pickles japonais), de l'ail (séché, frit ou frais à écraser), du gingembre, du *shichimi* (mélange de piment, sésame, zestes de mandarine, graines de pavot et de chanvre, algue nori et poivre) et, bien sûr, des graines de sésame noir ou blanc.

À vos baguettes !

LE ZUZUTTO

Si faire du bruit en mangeant est perçu d'un mauvais œil chez les Français, il n'en est rien chez les Japonais ! Eh oui, mieux vaut déguster son ramen dans une symphonie de *slurp* plutôt qu'en silence. Ce bruit, produit lorsque l'on aspire les nouilles à toute vitesse, s'appelle ***le zuzutto***.

Le *zuzutto* est à la fois une marque de politesse, puisqu'il témoigne de votre affection pour le plat, et le résultat d'une dégustation adaptée aux ramen.

En effet, le ramen est servi dans un bouillon très chaud qu'il est préférable d'avaler rapidement pour éviter de laisser les nouilles y baigner trop longtemps. L'autre raison indiscutable de prendre part au *zuzutto* est de profiter pleinement des saveurs de son ramen : en aspirant les nouilles aussi rapidement que possible, vous engloutissez aussi tout de go l'élément fort du ramen, le fameux bouillon. ***Il n'existe pas de meilleure façon de saisir la richesse gustative de votre ramen***, alors… à vos *slurp* !

RAMEN, LA RECETTE DE BASE

PRÉPARATION : 30 MIN
REPOS : 1 NUIT
CUISSON : 1 MIN

Ingrédients pour 4 personnes

- 300 g de farine
- 1 cuillerée à café de bicarbonate de soude
- 15 cl d'eau chaude
- Sel

- la veille, délayez le bicarbonate dans l'eau chaude.
- Déposez la farine dans le bol d'un robot équipé du crochet à pétrir. Versez l'eau au bicarbonate et mélangez pendant 8 à 10 minutes jusqu'à formation d'un gros sable. Retirez la pâte du robot et pétrissez-la avec vos mains pour former une boule.
- Partagez la pâte en deux. Formez 2 carrés, roulez-les dans du film alimentaire et réservez-les toute une nuit au réfrigérateur.
- Le jour même, ôtez le film alimentaire et étalez les pâtons très finement à l'aide du rouleau à pâtisserie. Coupez-les en tagliatelles ou spaghettis.
- Farinez légèrement les ramen pour éviter qu'ils ne se collent entre eux avant la cuisson. Plongez-les dans une casserole d'eau bouillante salée et faites-les cuire 1 minute. Égouttez-les.

Vous pouvez, bien sûr, utiliser une machine à pâtes pour réaliser vos ramen. Si vous manquez de temps, achetez-les tout prêts, secs ou frais.

TONKOTSU RAMEN

PRÉPARATION : 15 MIN
CUISSON : 10 MIN

Ingrédients pour 4 personnes

- 400 g de ramen
- 2 litres de bouillon de porc laiteux très chaud (voir recette p. 74)
- 12 fines tranches de porc chashu (voir recette p. 70)
- 4 œufs ajitsuke tamago (voir recette p. 68)
- 50 g de champignons enoki frais
- 2 cuillerées à soupe d'algues séchées
- 40 g de pousses de soja
- 2 oignons nouveaux
- 10 gousses d'ail
- 4,5 cl d'huile de sésame
- Huile végétale

Épluchez les gousses d'ail. Coupez-en 6 en deux puis faites-les frire dans une poêle avec un fond d'huile végétale jusqu'à ce qu'elles soient dorées. Réservez-les sur une assiette (essuyez la poêle avec du papier absorbant).

Coupez les gousses d'ail restantes en deux puis faites-les dorer dans la poêle avec l'huile de sésame jusqu'à ce que cette dernière brunisse. Mixez-les finement avec l'huile.

Lavez et égouttez les pousses de soja et les champignons enoki. Lavez et émincez les oignons.

Faites cuire les ramen dans une grande casserole d'eau bouillante selon les indications du paquet. Égouttez-les et déposez-les dans 4 bols. Versez le bouillon bien chaud par-dessus.

Coupez les œufs marinés en deux et ajoutez-les dans les bols. Répartissez les champignons enoki, les pousses de soja, les algues, l'oignon et les tranches de chashu. Arrosez de quelques gouttes d'huile de sésame à l'ail et servez parsemé de gousses d'ail frites. Accompagnez de sauce soja et de shishimi.

SHIO RAMEN

PRÉPARATION : 20 MIN
CUISSON : 10 MIN

Ingrédients pour 4 personnes

- 400 g de ramen
- 2 litres de bouillon de poule très chaud (voir recette p. 72)
- 8 tranches de porc chashu (voir recette p. 70)
- 4 œufs extra-frais
- 100 g de naruto (pâté de poisson japonais rose et blanc)
- 1 bok choy (chou chinois)
- 50 g de pousses de bambou en conserve
- 2 oignons tige
- 2 cuillerées à soupe d'oignons frits
- Sel

- Faites cuire les œufs en vous reportant à l'étape 1 de la recette page 68 (Ajitsuke tamago).
- Lavez le bok choy et séparez les feuilles des tiges. Pelez et émincez les oignons.
- Faites cuire les ramen dans une grande casserole d'eau bouillante selon le temps mentionné sur le paquet. Égouttez-les puis déposez-les dans 4 bols.
- Salez le bouillon bien chaud et versez-le dans les bols. Répartissez les feuilles de bok choy, les tranches de chashu, les œufs coupés en deux, les pousses de bambou, le naruto émincé et les oignons. Parsemez d'oignons frits et servez aussitôt.

Si vous en trouvez, vous pouvez parsemer les ramen de fleurs de bok choy.

TORI RAMEN

PRÉPARATION : 30 MIN
MARINADE : 2 H
CUISSON : 20 MIN

Ingrédients pour 4 personnes

- 400 g de ramen
- 2 filets de poulet
- 250 g de champignons shiitaké
- 4 œufs extra-frais
- 2 litres de bouillon de poule très chaud (voir recette p. 72)
- 2 oignons nouveaux émincés
- 4 feuilles de shiso
- 8 mini-maïs
- 2 cuillerées à soupe de sauce soja
- 2 cuillerées à soupe de mirin
- Graines de sésame blanc
- Huile végétale
- Sel

- Déposez les filets de poulet dans un plat creux. Mélangez la sauce soja et le mirin puis versez le tout sur le poulet. Faites mariner pendant 2 heures.

- Roulez les filets de poulet dans du film alimentaire de manière à obtenir un boudin. Faites-les pocher 10 minutes dans une grande casserole d'eau bouillante.

- Pendant ce temps, rincez rapidement les shiitaké et coupez la base du pied. Faites-les sauter à la poêle avec un filet d'huile 10 minutes à feu moyen.

- Faites cuire les œufs en vous reportant à l'étape 1 de la recette Ajitsuke tamago page 68.

- Plongez les mini-maïs dans une casserole d'eau bouillante pendant 2 minutes et égouttez-les.

- Faites cuire les ramen dans une grande casserole d'eau bouillante salée selon le temps mentionné sur le paquet. Égouttez-les et déposez-les dans 4 bols.

- Égouttez les filets de poulet, ôtez le film alimentaire puis coupez-les en fines tranches. Ajoutez-les sur les nouilles.

- Versez le bouillon de poule très chaud dans les bols. Répartissez les oignons émincés, les shiitaké, les mini-maïs, les feuilles de shiso et les œufs mollets. Servez aussitôt parsemé de sésame.

TAN TAN RAMEN

PRÉPARATION : 40 MIN
CUISSON : 25 MIN

Ingrédients pour 4 personnes

- 400 g de ramen
- 400 g de porc haché
- 4 œufs extra-frais
- 2 oignons nouveaux
- 6 gousses d'ail
- Graines de sésame blanc torréfiées
- 6 cuillerées à soupe de saké
- 3 cuillerées à soupe de sauce soja
- 3 cuillerées à soupe de sauce tenmendjan ou hoisin
- 4 cuillerées à soupe d'huile végétale

Pour le bouillon

- 1 litre de bouillon de porc laiteux (voir recette p. 74)
- 1 litre de bouillon de poule (voir recette p. 72)
- 6 cuillerées à soupe de sauce soja
- 8 cuillerées à soupe de pâte de sésame blanche (tahin)
- 1 cuillerée à soupe de tobanjan (pâte de soja pimentée)
- 4 cuillerées à soupe de vinaigre de riz
- 4 cuillerées à soupe d'huile de sésame

- Faites durcir les œufs 8 minutes dans une casserole d'eau bouillante. Égouttez-les et plongez-les dans un bol d'eau froide pour arrêter la cuisson. Écalez-les.
- Mélangez la viande hachée au saké puis faites-la dorer dans une poêle avec 2 cuillerées à soupe d'huile. Ajoutez les sauces soja et tenmendjan. Mélangez et poursuivez la cuisson 10 à 15 minutes jusqu'à ce que la viande soit bien moelleuse. Couvrez.
- Pelez les gousses d'ail, coupez-les en deux et dégermez-les. Dans une petite casserole, faites chauffer le reste d'huile puis faites frire l'ail 2 à 3 minutes à feu doux. Répartissez-les dans 4 bols.
- Lavez et hachez finement les oignons nouveaux.
- Faites cuire les ramen dans une casserole d'eau bouillante selon le temps mentionné sur le paquet. Égouttez-les puis répartissez-les dans les bols.
- Préparez le bouillon : dans un saladier, mélangez l'huile de sésame, le vinaigre de riz, la sauce soja, la pâte de sésame et le tobanjan.
- Mélangez les bouillons de porc et de poule dans une casserole et faites chauffer jusqu'à ébullition. Versez petit à petit sur le mélange précédent en délayant bien.
- Versez le bouillon dans les bols puis déposez dessus la viande hachée, les oignons et les œufs coupés en deux. Servez ausstôt parsemé de sésame.

SHOYU RAMEN AUX FRUITS DE MER

PRÉPARATION : 30 MIN
TREMPAGE : 2 H
CUISSON : 5 MIN

Ingrédients pour 4 personnes

- 400 g de ramen
- 2 litres de fumet de poisson (voir recette p. 76)
- 20 palourdes
- 12 crevettes crues
- 100 g de naruto (pâté de poisson japonais blanc et rose)
- 1 poireau
- 2 oignons nouveaux
- 15 cl de sauce soja

- Faites tremper les palourdes dans un saladier d'eau froide pendant 2 heures afin de les débarrasser du sable, en changeant l'eau plusieurs fois.

- Décortiquez les crevettes en gardant la carapace sur la queue. Entaillez délicatement le dos et retirez le boyau.

- Lavez le poireau et les oignons puis émincez-les très finement. Coupez le naruto en fines tranches.

- Faites cuire les ramen dans une grande casserole d'eau bouillante selon le temps mentionné sur le paquet. Égouttez-les et déposez-les dans 4 bols.

- Portez le fumet de poisson à ébullition puis plongez les crevettes 1 minute. Récupérez-les avec une écumoire et répartissez-les dans les bols.

- Rincez les palourdes puis faites-les cuire 3 à 4 minutes dans le fumet de poisson jusqu'à ce qu'elles soient bien ouvertes (jetez celles qui restent fermées). Ajoutez-les dans les bols.

- Versez la sauce soja dans les bols puis le bouillon très chaud. Ajoutez le naruto, le poireau et les oignons émincés. Servez aussitôt.

YASAI RAMEN

PRÉPARATION : 30 MIN
CUISSON : 1 H 45

Ingrédients pour 4 personnes

- 400 g de ramen

Pour le bouillon de légumes

- 1 poireau
- 2 carottes
- 1 branche de céleri
- 1 oignon
- 3 gousses d'ail
- 6 champignons shiitaké déshydratés
- Graines de sésame blanc torréfiées
- 4 cm de racine de gingembre
- 1 morceau d'algue kombu

Pour la garniture

- 4 œufs extra-frais
- 150 g de petits champignons shiitaké frais
- 40 g de champignons enoki
- 60 g de pois gourmands
- 40 g de jeunes pousses d'épinards
- 2 oignons nouveaux
- 4 cuillerées à café de mirin (sorte de saké trés doux)
- 4 cuillerées à café de sauce soja
- Huile végétale
- Sel

Préparez le bouillon : coupez l'oignon en deux. Pelez et écrasez les gousses d'ail. Lavez le céleri et le poireau et coupez-les en tronçons. Épluchez les carottes et le gingembre et coupez-les en morceaux. Faites chauffer un faitout sans matière grasse puis faites colorer fortement l'oignon sur les faces coupées. Ajoutez le gingembre, le céleri, les carottes, le poireau, l'ail, les shiitaké et le kombu. Recouvrez avec 2,5 litres d'eau et faites cuire 1 heure 30 à couvert à petits bouillons.

Préparez la garniture : lavez et émincez les oignons. Lavez les pousses d'épinards et les pois gourmands. Ôtez le pied des shiitaké. Dans une poêle, faites sauter les shiitaké avec 2 cuillerées à soupe d'huile 10 minutes à feu moyen. Réservez-les sur une assiette. Faites revenir les pois gourmands 2 minutes dans la poêle et réservez-les.

Faites cuire les ramen dans une grande casserole d'eau bouillante selon le temps mentionné sur le paquet. Égouttez-les et répartissez-les dans 4 bols.

Faites chauffer une casserole d'eau salée. Cassez 1 œuf dans un ramequin et glissez-le délicatement dans l'eau au centre de la casserole en formant un tourbillon autour de l'œuf pour que le blanc coagule autour du jaune. Égouttez-le et réservez. Procédez de même avec les autres œufs.

Versez le mirin et la sauce soja dans les bols puis le bouillon de légumes filtré très chaud. Ajoutez 1 œuf poché, les shiitaké, les pousses d'épinards, les enoki, les pois gourmands, les oignons et le sésame.

MISO RAMEN AU MAÏS

PRÉPARATION : 25 MIN
MARINADE : 1 H
CUISSON : 10 MIN

Ingrédients pour 4 personnes

- 400 g de chuka soba (nouilles ondulées)
- 2 litres de bouillon de poule très chaud (voir recette p. 72)
- 8 tranches de porc chashu (voir recette p. 70)
- 50 g de pousses de soja fraîches
- 4 cuillerées à soupe de miso blanc (shiro miso)
- 4 œufs extra-frais
- 200 g de grains de maïs cuits
- 2 oignons nouveaux
- 10 cl de sauce soja
- 20 g de beurre

- Faites cuire les œufs en vous reportant à l'étape 1 de la recette page 68 (Ajitsuke tamago).

- Mélangez la sauce soja à 10 cl d'eau puis versez le tout sur les œufs. Laissez mariner pendant 1 heure.

- Lavez et émincez finement les oignons.

- Faites fondre le beurre dans une poêle puis faites revenir les grains de maïs 4 à 5 minutes.

- Faites cuire les chuka soba dans une grande casserole d'eau bouillante selon le temps mentionné sur le paquet. Égouttez-les puis déposez-les dans 4 bols. Ajoutez le miso blanc par-dessus.

- Versez le bouillon bien chaud dans les bols. Répartissez dessus les tranches de porc chashu, les œufs égouttés et coupés en deux, les grains de maïs, les pousses de soja et les oignons. Servez aussitôt.

KARA MISO RAMEN

PRÉPARATION : 20 MIN
CUISSON : 15 MIN

Ingrédients pour 4 personnes

- 400 g de ramen
- 2 litres de bouillon de porc laiteux (voir recette p. 74)
- 4 escalopes de porc
- 4 œufs marinés (voir recette p. 68)
- 4 feuilles d'algues nori
- Graines de sésame noir
- 2 cives émincées
- 2 œufs entiers
- 30 g de farine
- 100 g de chapelure panko
- Sauce tonkatsu
- Huile végétale
- Sel, poivre du moulin

Pour le kara miso

- 60 g de pâte de miso blanc (shiro miso)
- 60 g de pâte de miso rouge
- 40 g de pâte de piment
- ½ oignon
- 3 gousses d'ail
- 3 cm de racine de gingembre
- 1 ½ cuillerée à soupe de mirin
- 1 cuillerée à café de pâte de sésame (tahin)
- ½ cuillerée à soupe d'huile de sésame grillé
- 1 cuillerée à soupe d'huile végétale

Préparez le kara miso : pelez le gingembre, l'oignon et l'ail ; coupez-les en morceaux puis déposez-les dans le bol d'un mixeur. Ajoutez le reste des ingrédients et mixez jusqu'à l'obtention d'une pâte assez fine. Déposez la préparation dans une casserole et faites cuire 8 minutes à feu moyen. Répartissez-la dans 4 bols.

Faites chauffer le bouillon (il doit être très chaud).

Faites cuire les ramen dans une grande casserole d'eau bouillante selon le temps mentionné sur le paquet. Égouttez-les et déposez-les dans les bols.

Préparez les escalopes : dans une assiette creuse, battez les œufs entiers avec 1 cuillerée à soupe d'huile. Déposez la farine et la chapelure dans deux autres assiettes.

Aplatissez les escalopes et tailladez légèrement la surface à l'aide d'un couteau. Salez et poivrez. Passez-les successivement dans la farine, l'œuf puis la chapelure. Faites chauffer un fond d'huile dans une sauteuse puis faites cuire les escalopes panées 1 minute de chaque côté afin qu'elles soient bien dorées. Coupez-les en lanières.

Versez le bouillon très chaud sur les ramen. Ajoutez les œufs marinés coupés en deux et les lanières de porc tonkatsu. Parsemez d'algues nori, de cive et des graines de sésame. Zébrez la viande de sauce tonkatsu et servez aussitôt.

MISO GYOZA RAMEN

PRÉPARATION : 15 MIN
CUISSON : 20 MIN

Ingrédients pour 4 personnes

- 600 g de ramen
- 2 litres de bouillon de poule très chaud (voir recette p. 72)
- 12 gyoza grillés (épiceries exotiques, restaurants japonais ou Picard®)
- 350 g de porc haché
- 4 œufs extra-frais
- ½ oignon
- 2 gousses d'ail
- 7 cuillerées à soupe de miso
- 3 cuillerées à soupe de mirin
- 4 cuillerées à soupe de cive ciselée
- Graines de sésame noir
- 2 cuillerées à soupe d'huile de sésame
- Huile végétale

• Pelez l'oignon et les gousses d'ail puis hachez-les finement.

• Dans un bol, mélangez 3 cuillerées à soupe de miso et le mirin avec 2 cuillerées à soupe d'eau. Versez ce mélange dans une poêle avec l'huile de sésame et faites chauffer doucement. Ajoutez le porc haché, l'ail et l'oignon. Faites revenir le tout 10 minutes à feu moyen. Réservez sur une assiette.

• Faites cuire les œufs en vous reportant à l'étape 1 de la recette Ajitsuke tamago p. 68.

• Dans la poêle, faites réchauffer doucement les gyoza.

• Faites cuire les ramen dans une grande casserole d'eau bouillante selon le temps mentionné sur le paquet. Égouttez-les.

• Déposez les ramen dans 4 bols puis répartissez le reste de miso. Versez le bouillon très chaud dessus. Ajoutez le porc sauté, les gyoza et les œufs mollets coupés en deux. Parsemez de cive et de graines de sésame. Servez aussitôt.

HIYASHI CHUKA AU SAUMON

PRÉPARATION : 15 MIN
MARINADE : 30 MIN
CUISSON : 10 MIN

Ingrédients pour 4 personnes

- 400 g de chuka udon

Pour la sauce

- 1 cuillerée à soupe de jus de yuzu
- 1 ½ cuillerée à soupe de sésame
- 2 cm de gingembre pelé et râpé
- 7 cuillerées à soupe de sauce soja
- 3 cuillerées à soupe d'huile de sésame
- 1 cuillerée à café d'huile pimentée japonaise (la-yu)
- 4 cuillerées à soupe de vinaigre de riz
- 2 cuillerées à soupe de sucre semoule

Pour la garniture

- 200 g de filet de saumon
- 1 petit concombre
- 1 poignée de pois gourmands
- 2 cuillerées à soupe d'œufs de saumon
- 50 g de wakamé
- 1 cuillerée à soupe de jus de yuzu
- 1 cuillerée à soupe de mirin
- 1 cuillerée à soupe de saké
- Pickles de gingembre
- Graines de sésame blanc torréfiées

Dans un bol, mélangez les ingrédients de la sauce. Ajoutez 3 cuillerées à soupe d'eau et réservez.

Préparez la garniture : pelez le concombre, coupez-le en deux et épépinez-le. Émincez-le en très fine julienne. Lavez les pois gourmands puis faites-les cuire 2 minutes dans une casserole d'eau bouillante. Plongez-les dans un bol d'eau froide et égouttez-les.

Retirez la peau du saumon et émincez-le en fines lanières. Faites-les mariner dans un bol avec le jus de yuzu, le mirin et le saké pendant 30 minutes.

Faites cuire les nouilles udon dans une grande casserole d'eau bouillante selon le temps mentionné sur le paquet. Égouttez-les puis plongez-les dans un grand saladier d'eau froide. Répétez l'opération 3 fois.

Répartissez les nouilles dans 4 assiettes creuses en formant un petit dôme. Ajoutez dessus la garniture de concombre, pois gourmands et saumon. Déposez quelques œufs de saumon, des pickles de gingembre, du wakamé et des graines de sésame. Servez avec la sauce au yuzu.

Vous pouvez ajouter de l'omelette finement émincée à cette recette.

YAKITORI RAMEN

PRÉPARATION : 30 MIN
MARINADE : 1 H
CUISSON : 25 MIN

Ingrédients pour 4 personnes

- 400 g de ramen
- 2 litres de bouillon de poule (voir recette p. 72)
- 2 blancs de poulet coupés en fines aiguillettes

Pour la sauce yakitori

- 2 cuillerées à soupe de sauce teriyaki
- 2 cuillerées à soupe de sauce soja
- 1 cuillerée à soupe de sirop d'érable
- 2 cuillerées à soupe de vinaigre de riz

Pour les œufs marbrés

- 4 œufs extra-frais
- 1 cuillerée à soupe de thé noir
- 15 cl de sauce soja

Pour la garniture

- ½ poireau
- 2 oignons nouveaux
- 4 feuilles d'algues kombu
- Graines de sésame noir
- Huile végétale

- Préparez les œufs marbrés : faites cuire les œufs 8 minutes dans une casserole d'eau bouillante. Égouttez-les puis plongez-les dans un bol d'eau froide. Roulez-les doucement entre la paume de vos mains de manière à craqueler la coquille sur toute la surface de l'œuf. Dans une casserole, mélangez la sauce soja avec 25 cl d'eau et le thé. Déposez les œufs craquelés dans ce mélange et portez à ébullition pendant 3 minutes. Éteignez le feu et réservez les œufs dans la casserole jusqu'à refroidissement.

- Dans un plat creux, mélangez les ingrédients de la sauce yakitori et déposez les aiguillettes de poulet. Faites-les mariner 1 heure.

- Lavez le poireau et les oignons puis émincez-les finement. Écalez les œufs et coupez-les en deux.

- Faites chauffer le bouillon de poule.

- Faites cuire les ramen dans une grande casserole d'eau bouillante selon le temps mentionné sur le paquet. Égouttez-les et déposez-les dans 4 bols.

- Enfilez les aiguillettes sur des piques à brochettes. Faites-les cuire 8 minutes sur un gril en les retournant à mi-cuisson.

- Dans les bols, répartissez les algues, le poireau et les oignons. Ajoutez 1 œuf marbré puis versez le bouillon très chaud par-dessus. Déposez les brochettes de poulet et arrosez d'un filet d'huile. Parsemez de sésame et servez aussitôt.

KIMCHI RAMEN

PRÉPARATION : 15 MIN
CUISSON : 5 MIN

Ingrédients pour 4 personnes

- 400 g de ramen
- 200 g de kimchi (chou pimenté lacto-fermenté)
- 4 œufs marinés (voir recette p. 68)
- 1 petit concombre
- 2 oignons nouveaux
- 2 litres de bouillon de légumes
- 4 cuillerées à soupe de sauce soja
- 2 cuillerées à soupe de mirin (sorte de saké trés doux)
- Quelques pousses de shiso vert

• Lavez et émincez les oignons. Lavez le concombre et coupez-le en très fines lamelles.

• Mélangez la sauce soja et le mirin au bouillon de légumes. Faites chauffer dans une casserole.

• Faites cuire les ramen dans une grande casserole d'eau bouillante selon le temps mentionné sur le paquet. Égouttez-les et déposez-les dans 4 bols.

• Dans les bols, répartissez le kimchi, les lamelles de concombre, les œufs marinés coupés en deux et les oignons. Versez le bouillon très chaud par-dessus et parsemez de pousses de shiso. Servez aussitôt.

杉

HIYASHI CHUKA AU JAMBON

PRÉPARATION : 25 MIN
CUISSON : 10 MIN

Ingrédients pour 4 personnes

- 400 g de chuka udon

Pour la sauce

- 1 ½ cuillerée à soupe de graines de sésame
- 2 cm de gingembre pelé et râpé
- 8 cuillerées à soupe de sauce soja
- 3 cuillerées à soupe d'eau
- 4 cuillerées à soupe de vinaigre de riz
- 1 cuillerée à café d'huile pimentée japonaise (la-yu)
- 3 cuillerées à soupe d'huile de sésame
- 2 cuillerées à soupe de sucre semoule

Pour la garniture

- 2 tranches de jambon blanc
- 1 petit concombre
- 8 radis roses
- 1 cœur de laitue
- Pickles de gingembre
- Graines de sésame blanc torréfiées

Pour l'omelette

- 3 œufs extra-frais
- 2 cuillerées à café de sucre semoule
- ¼ de cuillerée à café de sel
- Huile végétale

- Dans un bol, mélangez tous les ingrédients de la sauce et réservez.
- Préparez la garniture : pelez le concombre, coupez-le en deux et épépinez-le ; émincez-le en très fine julienne. Lavez la salade et émincez-la en lanières. Coupez finement le jambon. Lavez et émincez les radis.
- Dans un bol, battez les œufs avec le sucre et le sel puis versez-les dans une poêle chauffée avec un filet d'huile. Faites cuire l'omelette 3 minutes environ de chaque côté puis émincez-la finement.
- Faites cuire les nouilles udon dans une grande casserole d'eau bouillante selon le temps mentionné sur le paquet. Égouttez-les et plongez-les dans un grand saladier d'eau froide. Répétez l'opération 3 fois.
- Répartissez les nouilles dans 4 assiettes creuses en formant un petit dôme. Déposez dessus la garniture de concombre, salade, radis et jambon. Ajoutez quelques pickles de gingembre et saupoudrez de graines de sésame. Servez aussitôt avec la sauce.

RAMEN VÉGÉTARIENS AUX NOUILLES DE KONJAC

PRÉPARATION : 20 MIN
CUISSON : 15 À 20 MIN

Ingrédients pour 4 personnes

- 400 g de nouilles de konjac
- 2 litres de bouillon de légumes
- 200 g de courge
- ¼ de chou vert
- 30 g de shiitaké déshydratés
- 150 g de tofu
- 2 cives
- 4 œufs extra-frais
- 4 cuillerées à soupe de miso blanc
- Quelques gousses d'edamame cuites (épiceries asiatiques ou Picard®)
- 2 cuillerées à café de graines de sésame noir
- 1 cuillerée à café d'ail frit (en épicerie asiatique)
- 1 cuillerée à soupe d'huile végétale
- Sel

• Faites cuire les œufs dans une casserole d'eau bouillante pendant 6 minutes. Plongez-les dans un grand bol d'eau froide puis écalez-les délicatement.

• Préchauffez le four à 180 °C (th. 6).

• Dans une casserole, faites chauffer le bouillon de légumes avec les shiitaké déshydratés.

• Épluchez la courge et coupez-la en dés. Déposez-les dans un plat à gratin, mélangez-les avec l'huile et salez. Enfournez et faites cuire 15 à 20 minutes.

• Pendant ce temps, lavez le chou et émincez-le en fines lanières. Égouttez le tofu et coupez-le en lamelles. Lavez et hachez les cives. Écossez les edamame pour récuperer les féves.

• Faites cuire les ramen dans une grande casserole d'eau bouillante selon le temps mentionné sur le paquet. Égouttez-les et déposez-les dans 4 bols.

• Mélangez le miso avec le bouillon aux shiitaké bien chaud. Vérifiez l'assaisonnement.

• Dans les bols, répartissez les lanières de chou, les dés de courge, les lamelles de tofu et les œufs coupés en deux. Versez par-dessus le bouillon très chaud. Parsemez d'ail frit, de cive, d'edamame et de sésame. Servez aussitôt.

Le Konjac est une plante de la famille des aracées cultivée en Asie. Son tubercule est réduit en poudre puis transformé en nouilles. Il est réputé pour ses vertus diététiques.

FRENCHIE RAMEN

PRÉPARATION : 35 MIN
CUISSON : 3 H

Ingrédients pour 4 personnes

- 400 g de ramen
- 300 g de paleron

Pour le bouillon

- 1 os à moelle
- 1 carotte
- 1 navet
- ½ poireau
- 1 oignon pelé et coupé en deux
- 4 gousses d'ail pelées et ecrasées
- 1 bouquet garni
- 1 clou de girofle
- 8 grains de poivre
- 8 g de sel

Pour la garniture

- 1 pomme de terre à chair ferme
- ½ poireau
- 1 carotte
- 2 oignons nouveaux
- 2 cuillerées à soupe d'oignons frits
- Cornichons et moutarde pour servir

• Préparez le bouillon : piquez une moitié de l'oignon avec le clou de girofle. Épluchez et lavez les légumes.

• Déposez le paleron dans une grande cocotte et couvrez d'eau. Portez à ébullition en écumant régulièrement la surface du bouillon.

• Ajoutez l'ail, l'oignon, le bouquet garni, le poivre et le sel. Couvrez et faites cuire 1 heure 30 à petits bouillons. Ajoutez ensuite les légumes et l'os à moelle puis poursuivez la cuisson 1 heure.

• Pendant ce temps, préparez la garniture : épluchez la carotte et coupez-la en fines rondelles. Lavez le poireau et émincez-le en fins bâtonnets. Épluchez la pomme de terre et coupez-la en cubes. Faites cuire le tout 10 minutes dans une casserole d'eau bouillante salée. Égouttez.

• Lavez et émincez finement les oignons nouveaux.

• Sortez le paleron du bouillon et coupez-le en très fines tranches.

• Faites cuire les ramen dans une grande casserole d'eau bouillante selon le temps mentionné sur le paquet. Égouttez-les et répartissez-les dans 4 bols.

• Filtrez le bouillon de la viande et versez-le très chaud dans les bols. Répartissez la viande, les carottes, les poireaux, les pommes de terre et les oignons nouveaux. Parsemez d'oignons frits. Dégustez aussitôt avec de la moutarde et des cornichons.

RAMEN DOLCE VITA

PRÉPARATION : 35 MIN
CUISSON : 45 MIN

Ingrédients pour 4 personnes

- 360 g de linguine
- 1 kg de coquillages mélangés (moules, coques, palourdes...)
- 2 échalotes
- 2 gousses d'ail
- ½ bouquet de persil plat haché
- 4 œufs extra-frais
- ½ piment rouge haché
- 2 oignons nouveaux pelés et hachés
- 1 verre de vin blanc
- 6 cuillerées à soupe d'huile d'olive
- Huile de friture

Pour la panure

- 1 assiette de chapelure panko
- 1 œuf battu
- 1 assiette de farine

Lavez les coquillages dans plusieurs eaux.

Pelez et émincez l'ail et les échalotes.

Faites chauffer 4 cuillerées à soupe d'huile d'olive dans un faitout puis faites suer les échalotes et l'ail 2 minutes à feu moyen. Déposez la moitié des coquillages et faites-les revenir jusqu'à ce qu'ils soient bien ouverts. Ajoutez la moitié du persil et mélangez. Versez 2 litres d'eau et faites cuire ce bouillon 45 minutes à feu doux.

Pendant ce temps, faites cuire les œufs dans une casserole d'eau bouillante 6 minutes. Plongez-les dans un bol d'eau froide puis écalez-les délicatement.

Faites cuire les linguine dans une casserole d'eau bouillante selon le temps mentionné sur le paquet. Égouttez-les puis rincez-les dans une passoire sous 1 filet d'eau. Répartissez-les dans 4 bols.

Faites chauffer le reste d'huile d'olive dans une sauteuse puis ajoutez l'autre moitié des coquillages, les oignons et le vin. Couvrez et laissez cuire jusqu'à ce que les coquillages soient ouverts. Hors du feu, ajoutez le piment et le reste de persil. Mélangez puis répartissez dans les bols.

Panez les œufs dans la farine, l'œuf puis la chapelure. Plongez-les 2 minutes dans l'huile de friture très chaude et égoutez-les.

Filtrez le bouillon et versez le dans les bols. Ajoutez 1 œuf frit.

AMERICAN RAMEN

PRÉPARATION : 25 MIN
CUISSON : 20 MIN

Ingrédients pour 4 personnes

- 400 g de ramen
- 1,6 litre de bouillon de bœuf

Pour la pâte à beignets

- 1 petit œuf ou la moitié de 1 œuf
- 50 g de farine
- 1 cuillerée à café de levure chimique
- 5 cl d'eau gazeuse
- 1 cuillerée à soupe d'huile
- 1 pincée de sel

Pour la garniture

- 8 tranches de poitrine fumée
- 4 œufs extra-frais
- 1 avocat
- 1 oignon moyen
- 1 oignon nouveau émincé
- 8 mini-maïs coupés en deux
- Le jus de ½ citron
- Tabasco®
- Huile de friture

- Préparez la pâte à beignets : dans un saladier, tamisez ensemble la farine et la levure. Ajoutez l'œuf et mélangez. Versez l'huile puis délayez avec l'eau gazeuse ; salez et réservez.
- Dans une poêle, faites dorer à sec la poitrine fumée afin qu'elle soit croustillante de chaque côté.
- Épluchez l'avocat et coupez la chair en fines lamelles. Arrosez-les de jus de citron. Émincez les cœurs de laitue.
- Portez une casserole d'eau à ébullition. Avec une cuillère en bois, créez un tourbillon au centre ; cassez 1 œuf dans un petit bol et déposez-le dans l'eau : le blanc va s'agglutiner au jaune. Récupérez-le avec une écumoire. Procédez de même avec les autres œufs.
- Coupez l'oignon moyen en rondelles. Faites chauffer l'huile de friture dans une casserole.
- Trempez les rondelles d'oignons dans la pâte à beignets puis plongez-les aussitôt dans l'huile bien chaude. Laissez-les dorer de tous côtés puis égouttez-les sur du papier absorbant.
- Faites chauffer le bouillon.
- Faites cuire les ramen dans une casserole d'eau bouillante selon le temps mentionné sur le paquet. Égouttez-les puis répartissez-les dans 4 bols.
- Dans chaque bol, déposez 1 œuf poché, l'avocat et 2 tranches de poitrine grillée. Ajoutez le bouillon, les beignets d'oignon et les mini maïs.

TOM KHA GAI RAMEN

PRÉPARATION : 30 MIN
CUISSON : 20 MIN

Ingrédients pour 4 personnes

- 400 g de ramen
- 1,5 litre de bouillon de poule cuit pendant 2 heures seulement (voir recette p. 72)
- 2 filets de poulet
- 200 g de champignons de Paris
- 2 œufs
- 4 cm de galanga ou de gingembre
- 2 bâtons de citronnelle
- 1 petit piment
- 2 cuillerées à soupe de nuoc-mam
- 50 cl de lait de coco
- Chapelure panko
- 6 cuillerées à soupe de farine
- ½ bouquet de coriandre
- Huile végétale

- Faites chauffer le bouillon de poule dans une casserole avec les bâtons de citronnelle, le nuoc-mam, le lait de coco et le galanga.
- Battez les œufs dans une assiette creuse. Versez la farine et la chapelure dans deux autres assiettes. Passez les filets de poulet successivement dans la farine, dans l'œuf puis dans la chapelure. Faites-les dorer dans une sauteuse avec 1 filet d'huile 4 minutes de chaque côté. Coupez-les en lanières.
- Faites cuire les ramen dans une grande casserole d'eau bouillante selon le temps mentionné sur le paquet. Égouttez-les et répartissez-les dans 4 bols.
- Lavez les champignons, ôtez la base du pied et coupez-les en quatre.
- Filtrez le bouillon et remettez-le sur le feu. Faites pocher les champignons 5 minutes dans le bouillon.
- Lavez et hachez la coriandre. Lavez, égrainez et émincez le piment.
- Récupérez les champignons et déposez-les dans les bols. Versez le bouillon par-dessus. Ajoutez les lanières de poulet et parsemez de coriandre et de piment.

Vous pouvez ajouter 1 filet de jus de citron vert sur les ramen.

HOLA RAMEN

PRÉPARATION : 35 MIN
CUISSON : 2 H

Ingrédients pour 4 personnes

- 400 g de ramen
- 6 ailerons de poulet
- 2 filets de poulet
- 1 kg de moules lavées
- 50 g de chorizo coupé en rondelles
- 1 encornet
- 1 petite boîte de tomates concassées
- 1 poivron rouge coupé en deux
- 1 bouquet garni
- 1 oignon pelé et haché
- 2 doses de safran
- Huile d'olive
- Sel, poivre du moulin

- Préparez le bouillon : faites chauffer 4 cuillerées à soupe d'huile dans un faitout puis faites revenir l'oignon avec le bouquet garni 2 minutes. Ajoutez les tomates et faites compoter 5 minutes. Déposez les ailerons de poulet et la moitié des moules. Faites revenir le tout jusqu'à ce que les moules soient bien ouvertes. Ajoutez 1 dose de safran et 2 litres d'eau. Faites cuire ce bouillon 2 heures à feu doux sous couvert.

- Pendant ce temps, faites revenir le poivron dans une poêle avec 1 filet d'huile d'olive 5 minutes à feu moyen. Réservez sur une assiette.

- Lavez l'encornet, séparez les tentacules de la tête et ôtez la peau noire. Émincez-le en lanières ; faites-les revenir 5 minutes à la poêle avec 1 filet d'huile.

- Faites chauffer 1 filet d'huile dans une sauteuse. Ajoutez l'autre moitié des moules avec le reste de safran. Couvrez et faites revenir jusqu'à ce qu'elles soient toutes ouvertes.

- Faites cuire les ramen dans une grande casserole d'eau bouillante selon le temps mentionné sur le paquet. Égouttez-les et déposez-les dans 4 bols.

- Coupez les filets de poulet en petits dés et faites-les pocher dans le bouillon de moules 2 minutes. Égouttez-les et répartissez-les dans les bols.

- Filtrez le bouillon et versez-le dans les bols. Ajoutez les moules, l'encornet, poivron et le chorizo.

RAMEN SAUTÉS NIPPONS

PREPARATION : 25 MIN
MARINADE : 15 MIN
CUISSON : 15 MIN

Ingrédients pour 4 personnes

- 400 g de ramen
- 2 filets de poulet
- 100 g de pousses de soja
- 100 g de shimeji (champigons)
- 1 carotte
- 100 g d'edamame écossés (épiceries asiatiques ou Picard®)
- 2 oignons nouveaux
- 2 gousses d'ail
- 1 cuillerée à soupe de graines de sésame blanc torréfiées
- 2 cuillerées à soupe de sauce soja
- 2 cuillerées à soupe de sauce mirin (sorte de saké trés doux)
- 2 cuillerées à soupe de saké de cuisine
- 4 cuillerées à soupe de sauce ponzu
- 3 cuillerées à soupe d'huile végétale

- Coupez le poulet en petits dés et déposez-les dans un plat creux. Ajoutez la sauce soja, le saké et la sauce mirin. Mélangez et faites mariner 15 minutes.

- Pendant ce temps, lavez et ciselez les oignons nouveaux. Lavez les pousses de soja. Pelez et émincez les gousses d'ail. Épluchez la carotte et coupez-la en julienne.

- Faites cuire les ramen dans une grande casserole d'eau bouillante selon le temps mentionné sur le paquet. Égouttez-les.

- Faites chauffer l'huile dans un wok puis faites sauter la moitié des pousses de soja avec la carotte, l'edamame, les shimeji et l'ail pendant 5 minutes. Ajoutez ensuite la sauce ponzu et les ramen. Mélangez bien.

- Dans une poêle, faites sauter les dés de poulet avec la marinade pendant 3 à 4 minutes. Ajoutez-les dans le wok et mélangez.

- Répartissez la préparation dans 4 bols. Parsemez le reste des pousses de soja, les oignons nouveaux et le sésame grillé. Servez aussitôt.

Les edamame sont des féves de soja immatures (encore vertes) d'origine japonaise. Il faut préalablement cuire les gousses à l'eau bouillante ou à la vapeur avant de les écosser.

RAMEN PARISIENS

PRÉPARATION : 45 MIN
CUISSON : 3 H 30

Ingrédients pour 4 personnes

- 400 g de ramen
- 2 litres de bouillon de poule très chaud (voir recette p. 72)

Pour la viande

- 300 g de filet mignon de porc
- 1 carotte coupée en dés
- 1 branche de céleri coupée en dés
- 1 oignon pelé et émincé
- 2 gousses d'ail pelées et émincées
- 2 cuillerées à soupe d'huile d'olive

Pour la garniture

- 4 œufs
- 200 g de haricots verts
- 2 pommes de terre
- 50 g de jeunes pousses d'épinards
- ½ bouquet de ciboulette haché
- Huile pour la friture
- Moutarde pour servir

Préparez le filet mignon : faites revenir la carotte, le céleri, l'ail et l'oignon dans une cocotte avec l'huile d'olive 5 minutes à feu moyen. Déposez le filet mignon dans la cocotte, couvrez d'eau à hauteur et faites cuire pendant 3 heures sous couvert.

Pendant ce temps, préparez la garniture : lavez et équeutez les haricots. Faites-les cuire 10 minutes dans une casserole d'eau bouillante salée. Égouttez-les et plongez-les dans un bol d'eau froide.

Épluchez les pommes de terre et taillez-les en pailles (très petites frites) ; lavez-les et essuyez-les bien. Faites chauffer l'huile de friture dans une casserole puis faites dorer les pommes de terre 3 à 4 minutes. Égouttez-les sur du papier absorbant.

Faites cuire les œufs 5 minutes dans une casserole d'eau bouillante. Déposez-les dans un bol d'eau froide puis écalez-les délicatement.

Faites cuire les ramen dans une grande casserole d'eau bouillante selon le temps mentionné sur le paquet. Égouttez-les et déposez-les dans 4 bols.

Coupez la viande cuite en très fines tranches et ajoutez-les dans les bols. Versez le bouillon. Répartissez les haricots verts, les pousses d'épinards et la ciboulette. Ajoutez 1 œuf mollet et des pommes paille. Servez avec de la moutarde.

RAMEN CHIC AU FOIE GRAS

PRÉPARATION : 25 MIN
CUISSON : 8 MIN

Ingrédients pour 4 personnes

- 400 g de ramen
- 1,6 litre de bouillon de poule (voir recette p. 72)
- 4 tranches de foie gras cru de 2 cm d'épaisseur
- 4 œufs de caille
- ½ mini-concombre
- 4 radis roses
- Quelques jeunes pousses
- 5 cl de jus de yuzu
- Sel, poivre du moulin

- Faites cuire les œufs de caille 1 minute dans une casserole d'eau bouillante. Plongez-les dans un bol d'eau froide puis écalez-les très délicatement.
- Faites cuire les ramen dans une grande casserole d'eau bouillante selon le temps mentionné sur le paquet. Égouttez-les puis répartissez-les dans 4 bols.
- Lavez les radis et le concombre puis émincez-les en très fines rondelles.
- Vérifiez l'assaisonnement du bouillon puis ajoutez le jus de yuzu. Filtrez-le et faites-le chauffer dans une casserole jusqu'à ébullition.
- Pochez les tranches de foie gras dans le bouillon pendant 2 minutes. Récupérez-les et déposez 1 tranche dans chaque bol. Salez et poivrez. Ajoutez les rondelles de radis et de concombre et 1 œuf de caille. Versez le bouillon très chaud par-dessus et parsemez de jeunes pousses. Dégustez aussitôt.

BABY RAMEN

PRÉPARATION : 10 MIN
CUISSON : 6 MIN

Ingrédients pour 4 personnes

- 120 g de ramen
- 60 cl de bouillon de légumes
- 4 œufs de caille
- ¼ de petit concombre
- Quelques brins de cive émincés
- 1 radis
- 4 cm de naruto (pâté de poisson japonais rose et blanc)
- 2 cuillerées à soupe de sauce soja
- Graines de sésame blanc torréfiées

- Faites cuire les œufs de caille 2 minutes dans une casserole d'eau bouillante. Plongez-les sous l'eau froide puis écalez-les délicatement.
- Émincez finement le naruto. Lavez le radis et le concombre puis coupez-les en fines rondelles.
- Faites cuire les ramen dans une casserole d'eau bouillante selon le temps mentionné sur le paquet. Égouttez-les et déposez-les dans 4 petits bols.
- Faites chauffer le bouillon de légumes puis mélangez-le avec la sauce soja. Versez-le dans les bols. Répartissez le naruto, les rondelles de radis et de concombre. Ajoutez 1 œuf de caille et parsemez de graines de sésame et de cive. Dégustez aussitôt.

FRITTATA AUX RAMEN

PRÉPARATION : 20 MIN
CUISSON : 15 À 20 MIN

Ingrédients pour 4 personnes

- 200 g de ramen
- 8 œufs
- 200 g de shiitaké
- 2 oignons nouveaux
- 3 gousses d'ail
- 8 brins de persil plat
- 4 cuillerées à soupe de sauce soja
- 1 cuillerée à soupe de graines de sésame noir
- 2 cuillerées à soupe d'huile de sésame
- Sauce tonkatsu pour servir

• Faites cuire les ramen dans une grande casserole d'eau bouillante selon le temps mentionné sur le paquet. Égouttez-les.

• Préchauffez le four à 180 °C (th. 6).

• Pelez les gousses d'ail et hachez-les très finement. Lavez et hachez le persil. Lavez et émincez les shiitaké.

• Faites chauffer l'huile de sésame dans une poêle puis faites revenir les shiitaké avec l'ail pendant 8 minutes. Ajoutez le persil et mélangez.

• Dans un bol, fouettez-les œufs avec la sauce soja.

• Ajoutez les champignons et les ramen aux œufs fouettés et mélangez. Déposez cette préparation dans un plat à gratin allant au four. Enfournez et faites cuire 15 à 20 minutes.

• Rincez et émincez finement les oignons nouveaux.

• Saupoudrez la frittata de sésame grillé et d'oignons nouveaux. Servez aussitôt avec la sauce tonkatsu.

RAMEN FAÇON BO-BUN

PRÉPARATION : 15 MIN
MARINADE : 1 H
CUISSON : 15 MIN

Ingrédients pour 4 personnes

- 400 g de ramen
- 1,5 litre de bouillon de bœuf
- 1 bâton de citronnelle

Pour la garniture

- 8 nems cuits
- 300 g de filet de bœuf
- 1 bâton de citronnelle
- 150 g de pousses de soja
- ¼ de concombre
- 1 cœur de laitue
- 2 oignons nouveaux
- 1 gousse d'ail
- 1 cuillerée à soupe de cacahuètes
- 4 brins de menthe
- 8 cuillerées à soupe de sauce pour nems
- 1 cuillerée à soupe de sauce nuoc-mam
- 2 cuillerées à soupe d'huile d'olive
- 1 cuillerée à café de sucre semoule

• Préparez la garniture : ôtez les premières feuilles de la citronnelle et émincez-la finement. Coupez le bœuf en fines tranches et déposez-les dans un plat creux. Ajoutez la citronnelle, la sauce nuoc-mam et le sucre. Filmez et laissez mariner 1 heure.

• Faites chauffer le bouillon avec le bâton de citronnelle.

• Lavez le cœur de laitue et émincez-le. Lavez le concombre et coupez-le en fines rondelles. Lavez les pousses de soja. Lavez et effeuillez la menthe.

• Pelez et hachez l'ail et les oignons ; faites revenir le tout dans un wok avec l'huile d'olive pendant 3 minutes. Ajoutez la viande marinée et faites cuire 3 minutes.

• Faites cuire les ramen dans une grande casserole d'eau bouillante selon le temps mentionné sur le paquet. Égouttez-les puis déposez-les dans 4 bols.

• Filtrez le bouillon bien chaud puis versez-le dans les bols. Répartissez les tranches de viande, le cœur de laitue, le concombre, les pousses de soja et les feuilles de menthe. Ajoutez dans chaque bol 2 nems coupés en morceaux. Arrosez de sauce pour nems et saupoudrez de cacahuètes concassées. Dégustez aussitôt.

RAMEN BURGER

PRÉPARATION : 30 MIN
REPOS : 2 H
CUISSON : 20 MIN

Ingrédients pour 4 personnes

Pour les buns de ramen

- 4 sachets de ramen instantanés
- 4 œufs
- 4 cuillerées à soupe d'huile végétale

Pour les steaks

- 400 g de viande de porc hachée
- 1 œuf
- ½ cuillerée à café de piment
- 1 cuillerée à soupe de graines de sésame blanc torréfiées
- 2 cuillerées à soupe de sauce soja
- 2 cuillerées à soupe de vinaigre de riz

Pour la garniture

- 200 g de shiitaké
- 1 petit concombre
- 4 feuilles de shiso
- 2 cives
- 1 cuillerée à soupe de graines de sésame blanc torrefiées
- Sauce ponzu
- 2 cuillerées à soupe d'huile de sésame

- Réalisez les buns : faites cuire les ramen dans une grande casserole d'eau bouillante selon le temps mentionné sur le paquet. Égouttez-les. Battez les œufs dans un saladier. Ajoutez les ramen et mélangez. Répartissez-les dans 8 emporte-pièces d'environ 8 cm de diamètre. Aplatissez-les et filmez-les. Réservez 2 heures au réfrigérateur.

- Dans un saladier, mélangez la viande hachée avec la sauce soja, le vinaigre, l'œuf, le piment et les graines de sésame afin d'avoir une préparation homogène. Façonnez 4 steaks et réservez au réfrigérateur.

- Lavez le concombre et coupez-le en très fines lamelles. Lavez et ciselez les cives.

- Lavez et émincez les shiitaké. Faites-les sauter dans une poêle avec l'huile de sésame pendant 8 minutes. Débarrassez-les sur une assiette.

- Faites dorer les buns de ramen dans la poêle avec 4 cuillerées à soupe d'huile 2 minutes de chaque côté. Réservez-les sur une assiette. Faites ensuite cuire les steaks de porc dans la poêle 3 minutes de chaque côté.

- Montez les burgers : sur 1 bun de ramen, déposez 1 feuille de shiso, 1 steak, des lamelles de concombre et quelques shiitaké. Recouvrez avec un autre bun de ramen. Parsemez de cive et de graines de sésame. Arrosez avec la sauce ponzu. Réalisez ainsi les autres burgers et dégustez aussitôt.

RAMEN SAUTÉS À LA THAÏLANDAISE

PRÉPARATION : 25 MIN
CUISSON : 15 MIN

Ingrédients pour 4 personnes

- 400 g de ramen
- 16 crevettes
- 100 g de pousses de soja
- 2 œufs
- 4 cives
- 1 échalote
- 4 gousses d'ail
- 40 g de cacahuètes salées
- ½ cuillerée à café de piment en poudre
- 3 cuillerées à soupe de pâte de tamarin
- 4 cuillerées à café de sauce de poisson
- 3 cuillerées à soupe d'huile végétale
- 2 cuillerées à soupe de sucre semoule

• Lavez et ciselez les cives. Lavez les pousses de soja. Pelez et émincez les gousses d'ail et l'échalote. Retirez la tête et la carcasse des crevettes.

• Faites cuire les crevettes 3 minutes dans une grande casserole d'eau bouillante puis égouttez-les. Dans la même eau, faites cuire les ramen selon le temps mentionné sur le paquet. Égouttez-les.

• Faites chauffer l'huile dans un wok puis faites dorer les cacahuètes 3 minutes. Débarrassez-les sur une assiette. Déposez dans le wok la moitié des pousses de soja, l'échalote et l'ail et faites revenir 5 minutes. Ajoutez ensuite les ramen, la pâte de tamarin, le sucre, la sauce de poisson et le piment. Faites sauter le tout 3 minutes.

• Retirez les ramen du wok. Cassez les œufs dedans et faites-les cuire 3 à 4 minutes en remuant. Remettez alors les ramen dans le wok et mélangez. Hors du feu, ajoutez les crevettes, le reste des pousses de soja et la cive ciselée. Mélangez le tout. Parsemez de cacahuètes hachées et servez aussitôt.

RAMEN MINUTE

PRÉPARATION : 5 MIN
CUISSON : 10 MIN

Ingrédients pour 1 personne

- 1 paquet de ramen instantanés
- ½ carotte
- 5 cm de poireau
- 2 champignons de Paris
- 1 œuf
- 1 cuillerée à soupe de sauce soja
- 1 oignon nouveau
- 1 pincée de graines de sésame blanc torréfiées

- Faites cuire l'œuf 6 minutes dans une casserole d'eau bouillante. Plongez-le dans un bol d'eau froide puis écalez-le. Faites-le mariner dans la sauce soja.
- Épluchez la carotte et émincez-la finement. Coupez le poireau en julienne.
- Lavez l'oignon et détaillez-le en fines rondelles. Pelez les champignons, ôtez le pied et coupez-les en lamelles.
- Faites cuire les ramen dans une casserole d'eau bouillante selon le temps mentionné sur le paquet. Égouttez-les et déposez-les dans un bol. Ajoutez la carotte, le poireau, l'oignon, les champignons et l'œuf coupé en deux. Parsemez de sésame doré et dégustez.

Réalisez ce ramen minute avec les légumes que vous avez dans le réfrigérateur : radis, concombre...

E RAMEN
海鮮麺

RAMEN DÉTOX SANS GLUTEN AUX ALGUES

PRÉPARATION : 15 MIN
CUISSON : 12 MIN

Ingrédients pour 4 personnes

- 360 g de ramen sans gluten
- 4 feuilles d'algues nori
- 1 cuillerée à soupe de mélange d'algues pour salade
- ¼ de chou vert
- 2 gousses d'ail
- 3 cm de racine de gingembre frais
- 4 cuillerées à soupe de wakamé
- 1 cuillerée à café de thé vert en poudre (matcha)
- Graines de sésame blanc et noir
- 2 cuillerées à soupe de sauce soja

• Pelez et râpez le gingembre. Épluchez et émincez l'ail. Lavez le chou et émincez-le finement.

• Dans une grande casserole, faites chauffer 1,5 litre d'eau. Ajoutez le thé, le gingembre râpé et l'ail. Faites cuire 3 minutes. Ajoutez ensuite les algues nori coupées en petit morceaux et poursuivez la cuisson de ce bouillon pendant 5 minutes.

• Plongez les ramen dans le bouillon et faites-les cuire selon le temps mentionné sur le paquet. Égouttez-les et répartissez-les dans 4 bols.

• Ajoutez la sauce soja et le wakamé dans les bols. Mélangez. Parsemez de chou émincé, de mélange d'algues et de sésame. Servez aussitôt.

AJITSUKE TAMAGO (ŒUFS MARINÉS SPÉCIAL RAMEN)

PRÉPARATION : 15 MIN
CUISSON : 6 MIN
MARINADE : 12 H

Ingrédients pour 4 œufs

- 4 œufs extra-frais
- 25 cl de saké
- 12 cl de sauce soja
- 12 cl de mirin (sorte de saké trés doux)
- 25 cl d'eau
- 100 g de sucre semoule

• Percez le côté le plus arrondi des œufs à l'aide d'une aiguille ou d'une punaise pour éliminer la poche d'air. Déposez-les délicatement dans une casserole d'eau bouillante et faites-les cuire 6 minutes. Récupérez-les à l'aide d'une écumoire et plongez-les aussitôt dans un grand bol d'eau glacée pour arrêter la cuisson. Écalez-les sous un filet d'eau puis déposez-les dans un récipient.

• Dans un bol, versez l'eau, le saké, la sauce soja et le mirin. Ajoutez le sucre et mélangez jusqu'à ce qu'il soit dissous. Versez cette préparation sur les œufs et laissez mariner toute une nuit.

Vous pouvez conserver ces œufs 3 jours maximum au réfrigérateur.

PORC CHASHU

PRÉPARATION : 15 MIN
CUISSON : 7 H

Ingrédients pour 4 personnes

- 600 g de poitrine de porc fraîche avec la couenne
- 1 échalote
- 3 gousses d'ail
- 3 cm de racine de gingembre
- Quelques tiges de ciboule ciselées
- 20 cl de saké
- 20 cl de mirin (sorte de saké trés doux)
- 10 cl de sauce soja
- 30 cl d'eau
- 60 g de sucre semoule

- Préchauffez le four à 130 °C (th. 4-5).
- Roulez et ficelez la poitrine de porc comme un rôti.
- Épluchez et écrasez les gousses d'ail. Pelez le gingembre et l'échalote et coupez-les en deux.
- Versez l'eau, la sauce soja, le saké, le mirin et le sucre dans une cocotte juste adaptée à la taille du rôti et mélangez pour dissoudre le sucre.
- Déposez la viande dans la cocotte et la garniture autour. Couvrez et enfournez. Faites cuire 4 heures en retournant la viande à mi-cuisson. Baissez ensuite la température du four à 100 °C (th. 3-4) et poursuivez la cuisson pendant 3 heures.
- Conservez la viande au réfrigérateur dans le jus de cuisson. Juste avant de servir, coupez-la en fines tranches et parsemez-la de ciboule ciselée.

BOUILLON DE POULE

PRÉPARATION : 30 MIN
CUISSON : 5 H

Ingrédients pour 4 à 6 personnes

- 900 g de carcasse de poulet
- 450 g de chutes d'ailerons de poulet
- 1 petit poireau
- 4 cm de racine de gingembre
- 1 oignon
- 4 gousses d'ail
- 4 feuilles d'algues dashi kombu
- Huile de tournesol

Portez à ébullition 2 litres d'eau. Déposez la carcasse et les ailerons de poulet dans un récipient puis versez l'eau bouillante par-dessus afin de solidifier le sang. Égouttez-les et retirez les impuretés. Rincez les os sous l'eau claire et déposez-les dans un grand faitout. Recouvrez-les largement d'eau froide (environ 4 litres). Ajoutez les algues et portez à ébullition en écumant régulièrement la surface du bouillon.

Pendant ce temps, pelez l'oignon, l'ail et le gingembre et coupez-les en morceaux. Lavez le poireau et détaillez-le en tronçons. Faites revenir le tout 4 à 5 minutes dans une sauteuse avec 1 filet d'huile de tournesol.

Retirez les algues et déposez la garniture dorée dans le bouillon. Couvrez et faites cuire 4 heures 30 environ à feu doux.

Ôtez le couvercle, augmentez le feu et poursuivez la cuisson 30 minutes pour concentrer les saveurs du bouillon. Laissez refroidir.

Retirez alors le gras en surface à l'aide d'une écumoire avant de réchauffer le bouillon.

BOUILLON DE PORC LAITEUX

PRÉPARATION : 50 MIN
CUISSON : 7 H

Ingrédients pour 4 à 6 bols

- 2 pieds de porc coupés en morceaux
- 6 ailes de poulet
- 700 g d'os de porc concassés (chez le charcutier)
- 1 oignon blanc
- 1 tête d'ail
- 5 cm de racine de gingembre
- Huile de tournesol
- 1 cuillerée à café de poivre blanc concassé

• Faites bouillir séparément les pieds de porc, les ailes de poulet et les os de porc jusqu'à ce qu'ils rejettent sang et autres impuretés. Égouttez-les, grattez les os et pieds de porc pour retirer les dernières impuretés puis déposez toutes les viandes dans un grand faitout. Versez environ 4 litres d'eau afin d'en recouvrir largement les os puis portez à ébullition en écumant régulièrement la surface du bouillon.

• Pendant ce temps, coupez l'oignon en deux et faites-le brûler, côté coupé, dans une poêle sans matière grasse. Procédez de la même manière avec l'ail et le gingembre. Déposez le tout dans le bouillon puis ajoutez le poivre blanc.

• Couvrez le faitout et faites cuire pendant 7 heures minimum à petite ébullition, en vérifiant régulièrement le niveau de l'eau (les os doivent toujours être recouverts) : le bouillon est prêt lorsqu'il s'est transformé en liquide laiteux.

• Retirez alors le gras en surface à l'aide d'une écumoire puis augmentez le feu afin de réduire le bouillon aux trois quarts.

FUMET DE POISSON

PRÉPARATION : 20 MIN
CUISSON : 5 H 30

Ingrédients pour 4 personnes

- 1,5 kg d'arêtes de poisson (pas de poisson gras)
- 2 carottes
- 1 poireau
- 1 oignon
- 2 gousses d'ail
- 3 cm de racine de gingembre
- 2 cuillerées à soupe d'huile végétale

- Épluchez et émincez les carottes. Lavez le poireau et coupez-le en tronçons. Pelez l'oignon et coupez-le en morceaux. Pelez les gousses d'ail.
- Dans un faitout, faites revenir les arêtes de poisson avec l'huile 5 minutes à feu moyen. Versez 4 litres d'eau et ajoutez la garniture. Couvrez et faites cuire pendant 5 heures à feu doux.
- Ôtez le couvercle, augmentez le feu et poursuivez la cuisson 30 minutes pour concentrer les saveurs.

REMERCIEMENTS

Je remercie Aurélie et Charly pour ce beau projet !
Je ne saurais oublier de remercier Servane pour sa disponibilité et ses gentilles attentions tout au long du shooting !

ÉQUIVALENCES

	Système métrique	Système américain	Autre nom
Mesures liquides	5 ml	1 cuillère à thé (cuillère à café française)	
	15 ml	1 cuillère à table (cuillère à soupe française)	
	35 ml	1/8 cup (tasse française)	1 oz
	65 ml	1/4 cup ou 1/4 grand verre	2 oz
	125 ml	1/2 cup ou 1/2 grand verre	4 oz
	250 ml	1 cup ou 1 grand verre	8 oz
	500 ml	2 cups ou 1 pinte	
	1 litre	4 cups ou 2 pintes	

	Système métrique	Système américain	Autre nom
Mesures solides	30 g	1 oz	
	55 g	1/8 lbs	2 oz
	115 g	1/4 lbs	4 oz
	170 g	3/8 lbs	6 oz
	225 g	1/2 lbs	8 oz
	454 g	1 livre	16 oz

	Chaleur	°C	Thermostat	°F
Chaleur du four	Très doux	70 °C	Th. 2-3	150 °F
	Doux	100 °C	Th. 3-4	200 °F
		120 °C	Th. 4	250 °F
	Moyen	150 °C	Th. 5	300 °F
		180 °C	Th. 6	350 °F
	Chaud	200 °C	Th. 6-7	400 °F
		230 °C	Th. 7-8	450 °F
	Très chaud	260 °C	Th. 8-9	500 °F

Édition : Aurélie Cazenave
Direction de création : Laurent Quellet
Direction artistique : Allan Aubry
Fabrication : Thierry Dubus et Florence Bellot
Correction : Armelle et Bernard Heron

N° d'édition : M14074
ISBN : 9782317006470
Code MDS : 76441
Photogravure : SNO Photogravure
Achevé d'imprimer en juin 2014
par Pollina - France - L68906
Dépôt légal : août 2014
Édition N° 1

www.mangoeditions.com
www.facebook.com/Mangocuisine

ラーメン

DANS LA MÊME COLLECTION

LES PETITS
BASIQUES
MANGO